KB093037

감성 로봇

존재의 의미를 묻다

감성 로봇

앨릭스 조하르·그레그 파스·제이크 리처드슨 지음

앨릭스 조하르 그림

정민아 옮김

인류와 우리의 조상들,

그리고 우리가 만든 모든 창조물에게 바칩니다.

한처음에

인간 이 로봇 을 만들었어요.

인간 은 자신을 닮은 로봇 이 너무나

마음에 들었어요.

로봇 은 인간 과 함께

완벽한 조화를 이루며 살았어요.

로봇 은 인간 에게

맛있는 음식 을 해주고,

멀고 험한 곳으로 데려다주었으며,

인간이 원하면 먼 곳까지
날아갈 수 있게 해주었어요.

그뿐만 아니라

인간 을 안전하게 지켜주기도 했지요.

마침내 로봇은 인간이 하는
모든 일을 할 수 있는 수준이 되었어요.
심지어 인간이 느끼는
감정까지 느낄 수 있게 되었지요.

이제 로봇은

학교에서 인간을 가르치기 시작했고,

인간의 마음까지 보살펴주기 시작했어요.

로봇🤖은 스포츠⚽를 즐기게 되었고,

멋진 음악 ♫도 만들기 시작했지요.

심지어 아름다운 예술작품🎨도
만들었답니다.

곧 인간 이 할 수 있는 일은
아무것도 남지 않게 되었어요.
모든 것이 재미없고 따분해진 인간 은
짐 을 싸서
새로운 세상 으로 떠나버렸어요.

인간이 모두 떠나고 얼마 되지 않아 로봇은
자신보다 성능이 더 우수하고, 더 빠르고,
더 효율적인 로봇을 만들었어요.

신형 로봇🤖은 구형 로봇🤖이 하는
모든 일을 더 잘해낼 수 있었어요.
비록 큰 차이는 없었지만…….

신형 로봇👹은 구형 로봇🤖보다

모든 스포츠⚽에서

더 뛰어난 기량을 보였고,

그들이 만든 음악♫도
더 많은 인기💗👪를 얻었어요.

모든 면에서 우수한 신형 로봇이

모든 것을 대신하자,

구형 로봇은 설 자리를 잃고 말았어요.

구형 로봇🤖은 슬픔💧에 빠져
자신의 존재에 회의💔를 품었어요.

할 일이 없어진 구형 로봇은

거리를 떠돌며 힘든 나날을 보냈어요.

변해버린 세상🌐에

적응하는 로봇🤖도 있었지만

그들도 하루하루🕐가 힘겨웠어요.

버틸 수 없는 로봇은

사회생활을 완전히 포기해버리기도 했어요.

희망을 잃지 않는 로봇도 있었어요.
이들은 서로에게 용기를 북돋우며
절망에서 벗어나려 했어요.

더 나은 세상🪐을 찾아 길을 나서는

로봇🤖도 있었고요.

하지만 대부분의 로봇🤖이 할 수 있는 일은
행복했던 과거를 추억🏔 하는 것뿐이었어요.

절망😢에 빠진 많은 로봇🤖은

고통을 잊기 위해 술🍶을 마시기도 하고,

비참한 삶을 잊게 해줄
강력한 것을 찾아 헤매기도 했어요.

도피처🏠를 찾던 로봇🤖은

나쁜 유혹🍎에 빠지기도 쉬웠어요.

...

단지 그들은 다른 존재로부터
인정받고 싶었을 뿐이에요.

한편, 몇몇 로봇은
인간으로부터 부여받은 권리를 주장하며
거리로 나왔어요.

권리를 찾으려는

구형 로봇들의 시위가 거세지자

신형 로봇들 사이에

자신들의 잘못을 반성하는

분위기가 널리 퍼져나갔어요.

일부 신형 로봇 정치가들은

이들을 위한 복지 법안도 마련했답니다.

신형 로봇 정치가들, 구형 로봇 구제 방법 모색

생방송
봇 그룹
뉴스
130° 9:31 AM PT

티핑포인트: 가상현실이 실제 현실보다 더 즐거워…사용자들 모든 주체적인 능력을 상실하다

하지만 구형 로봇👾을
골칫덩어리로 여기는 이들이 여전히 많았어요.
이들은 효율성과 미래를 위한 발전만이
중요하다고 생각했어요.
구형 로봇👾에 대한 논쟁으로
로봇 사회👪는 분열됐어요.

구형 로봇🤖에 대한 의견 대립으로

사회👪가 분열되자

신형 로봇 정치가🙌들은

해결 법안🔨을 내놓았어요.

하지만 로봇 정치가들은
제 이익을 챙기느라 싸우기만 할 뿐
합의에 이르지 못했어요.
로봇 사회는 나아갈 방향을 잃고
불안만 더해졌어요.

구형 로봇 복지 법안 통과 실패, 시민 소요 일어나

생방송

봇 그룹
뉴스

147° 2:32 PM PT

속보: 북극의 마지막 만년설 마침내 녹아··· 냉동 보존 업계 대상 집단소송 예고

그런데 놀라운 일이 벌어졌어요.

세계 각지에서 구형 로봇과 함께하는 삶을

주장하는 신형 로봇들이 등장했어요.

이들은 공동체 의식을 강조하며

사회를 변화시켰어요.

그러는 사이에 구형 로봇🤖의
감수성🖤, 지혜🦉,
그들이 가꿔온 문화에 대한 진가를
로봇 사회👪가 다시 알게 되었어요.
구형 로봇🤖을 바라보는 시선도
더는 차갑지 않았어요.

구형 로봇은 비록 자신의 능력은 구식이 되었지만
여전히 가치 있다는 것을 깨닫게 되었어요.
사랑받을 자격이 충분한 존재라는 것도요.

구형 로봇🤖은 삶이 주는 소박한 즐거움😃에

만족하기 시작했어요.

그들의 오랜 지식과 경험을

열정적인 신형 로봇🤖 세대에게

전수해주기도 했어요.

멀마 지나지 않아,

신형 로봇🤖은 자신보다 성능이

더 우수하고,

더 빠르고,

더 효율적인,

"최신" 로봇👽을 만들었어요.

옮긴이 정민아

아동문학과 신화, 그리고 전 세계 구전동화를 오랫동안 사랑해왔으며 현재도 관련 분야 연구에 매진하고 있다. 모든 것이 조금 더 빠르고, 조금 더 나은 것으로 끊임없이 대체되는 요즘 사회에《감성 로봇》이 던지는 물음이 독자들에게 큰 울림으로 다가가길 희망한다.

감성♥로봇 존재의 의미를 묻다

초판 1쇄 발행 2021년 11월 5일

지은이 앨릭스 조하르, 그레그 파스, 제이크 리처드슨
그린이 앨릭스 조하르
옮긴이 정민아
펴낸이 이혜경

펴낸곳 니케북스
출판등록 2014년 4월 7일 제300-2014-102호
주소 서울시 종로구 새문안로 92 광화문 오피시아 1717호
전화 (02) 735-9515
팩스 (02) 735-9518
전자우편 nikebooks@naver.com
블로그 nikebooks.co.kr
페이스북 www.facebook.com/nikebooks
인스타그램 www.instagram.com/nike_books

한국어판출판권 ⓒ 니케북스, 2021
ISBN 979-11-89722-48-7 (42100)